書き込み式

日本語リテラシー

―日本語の豊かな使い手になるために―

横川知之 著

大学教育出版

はじめに

私たちは、日々の生活を、より豊かで快適にする努力を続けて、暮らしています。そして、その営みの多くは、「日本語」に支えられています。なぜなら、私たちの日々の生活は、日本語を用いて思考し、記憶し、情報を伝達し、自らを支えることによって成り立っているからです。そこで、この『**書き込み式日本語リテラシー**』は、日本語を母国語にする私たちが、「日本語」を快適に運用する能力を高めることを目的に編集しました。

日本語には、「漢字」や「ひらがな」「カタカナ」「ローマ字」といった様々な文字があり、それを読むのも書くのも、たいへん難しいと思われています。しかし、少し練習をして慣れれば、けっしてそのようなことはありません。それに、日本語の音韻の数は、他の外国語に比べて数が少なく、話すのは比較的やさしい言語といえます。ですから、日本語は、皆さんが考えている以上に、豊かで、深く、味わいがある、世界の言語の中でも優れた言語の一つです。

試しに、次の俳句を見て下さい。

をりとりてはらりとおもきすすきかな

この句は、俳人、飯田蛇笏《だこつ》の有名な俳句ですが、次のように書き直して見ると、どうでしょう。

折り取りて　はらりと重き　芒かな

漢字仮名交じりに書き直すと、折り取った「すすき」の穂の質感や量感が失われてしまいませんか？　「ひらがな」だけで表現されている前者の方が、すすきの「しなやかさ」や、「ふうわり」とした感じを、より豊かに、わかりやすく伝えています。

皆さんが、日本語が難しいという背景には、このような**「日本語には正書法がない」**ということが影響しているのかもしれません。日本語は、漢字で書いたり、ひらがなで書いたりするので、人によって書き方が千差万別になってしまいます。でも、このことは、考え方を変えると、日本語には個性豊かな表現の方法があり、自分なりの思いやとらえ方を、幅広く表現できるということです。それは、皆さんが多くの服を持って、お洒落を自在に楽しむのと同じことなのです。

最後に、本書は、**「説明して」「やって見せて」「やってもらって」「みんなに紹介する」**をコンセプトに編集しました。そこで、すべての項目に「説明」と「作品見本」を掲げ、「書き込み用紙」（含む下書き用紙）が付けてあります。なお、ほとんどの作品見本は著者が書きましたが、学生作品も数点あります。学生作品は、それを公開することを前提に書いてもらったものですが、本書に掲載するに当たり、編集の都合で著者が書き直しをしている部分も多くあります。作品を掲載させていただいた学生の皆さんには、この紙面を借りて感謝申し上げます。

二〇一〇年 二月

横川　知之

目次

一講　言葉の力

○私たちの願いは？

「健康でこころ豊かに暮らす」

こころ　→　脳　→　言葉　→　豊かな感情　→　幸せ

言葉は心を耕すスキである

○言葉の機能

伝達

記憶

思考

制御

○言葉による世界（外界）の理解

人間は言葉でしか物事を理解し得ない

物事の理解は、生活にとって最重要課題

人類の進化

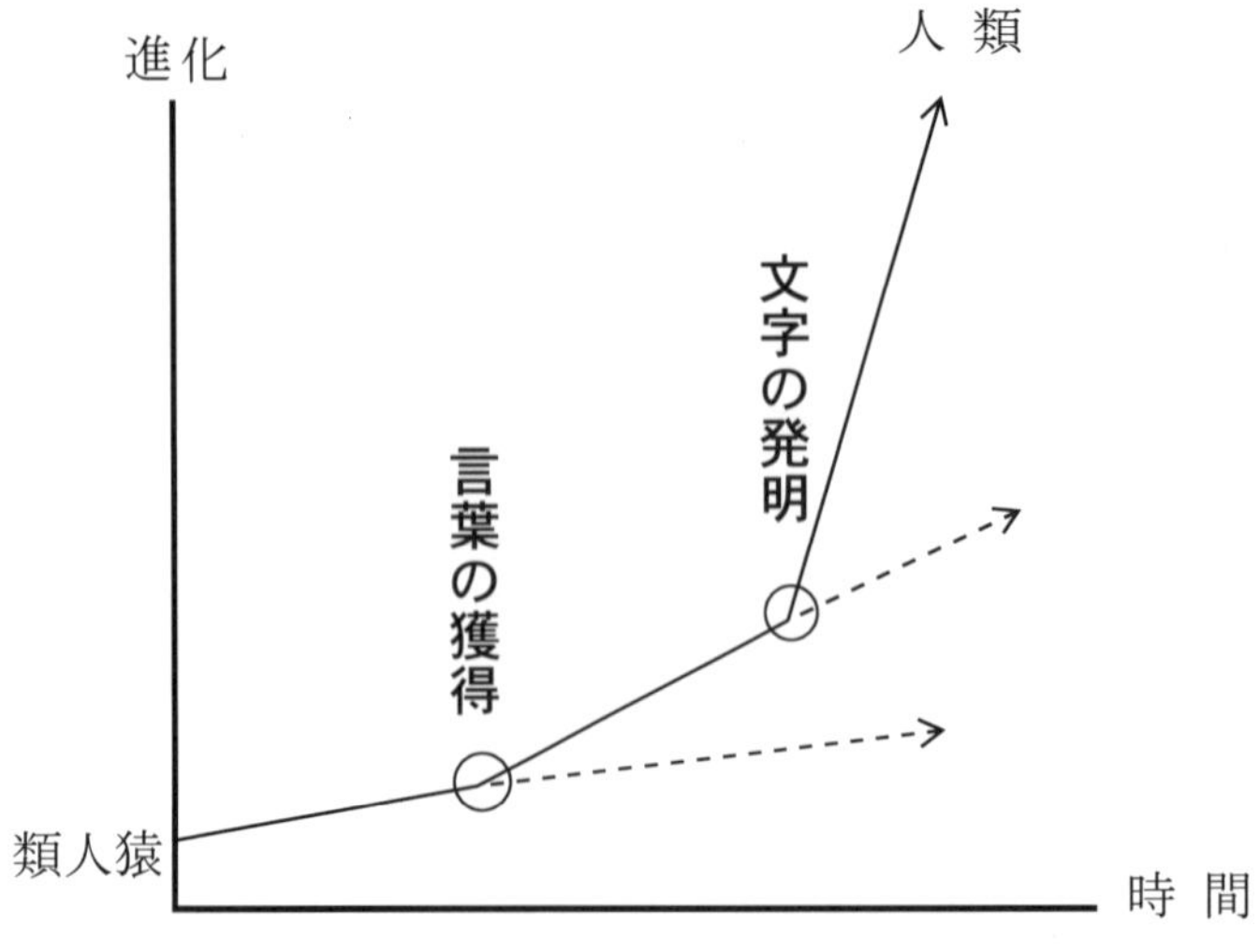

理解不足は、生活の破綻
失敗　挫折　もめごと

世界の名言！

人間は考える葦である　……パスカル……　↑　人間は言葉で考える

『パンセ』はパスカルの死後発見された草稿を、一四編、九二四章に分類した遺稿著作集である。

第六編

三四六
思考が人間の偉大をなす。
（参：人間は考えるために生まれている。それゆえ、人間はひとときも考えないではいられない。）

三四七
人間は自然のうちで最も弱い一茎の葦にすぎない。しかしそれは考える葦である。これをおしつぶすのに、宇宙全体はなにも武装する必要はない。風のひと吹き、水のひとしずくも、これを殺すに十分である。しかし、宇宙がこれをおしつぶすときにも、人間は、人間を殺すものよりもいっそう高貴であるであろう。なぜなら、人間は、自分が死ぬことを知っており、宇宙が人間のうえに優越することを知っているからである。宇宙はそれについては何も知らない。
それゆえ、われわれのあらゆる尊厳は思考のうちに存する。われわれが立ちあがらなければならないのはそこからであって、われわれの満たすことのできない空間や時間からではない。それゆえ、われわれはよく考えるようにつとめよう。そこに道徳の根原がある。
（参：この有名な断章の草稿は、前半がパスカルの筆跡で、後半は口述して筆記させたものである。）

出典『パスカル全集』人文書院

二講　自己紹介

「自己紹介」を考える！

「自分らしさ」とは何か？　……自分の「何を」「どのように」紹介するか。

「読み手」や「聞き手」を納得させる材料と表現技術。

材料集め

人から見た自分は？　……おっちょこちょい、天然……他人からの評価が共通しているもの
自分が最も誇れるものは？　……人柄、特技、資格、能力、体力など……自分がいままでに培ってきたもの
趣味・特技は？　……コンピュータ、英会話、手話など……一定の水準があるもの
得意な学科や教科は？　……情報処理、、国語、体育など
今まで特に力を入れてきたことは？　……ピアノ、部活動、ボランティア活動など
これから力を入れたいことは？　……社会性を身につける、甘えを捨てる、公私の区別をハッキリさせるなど
将来の夢や目標は？　……南極に行く、会社を設立する、芥川賞を取るなど

書き方

○**一文を短くする**（一文二行まで）
○**段落を設ける**　（三段落構成）
はじめ（書き出し）　ポッと書き出す　今年の冬は、暖かかった。

なか　（発　展）　意 外 な 展 開　ところで、冬が暖かい年は、夏暑いと言われている。

おわり（結　び）　プツンと切る　今年の夏は、水不足になるかもしれない。
○**ユーモア感覚を大切にする**
○**文体を統一する**（敬体）

自己紹介のパターン

私はこの四月に〇〇〇の〇〇〇年生になった、〇×△□です。

私は一見すると〇〇〇に見えますが、実際には〇〇〇で〇〇〇です。

今年は〇〇〇を目標に、〇〇〇するつもりで頑張っています。

私は〇〇出身の〇×△□です。

私の趣味（特技は）〇〇〇で、〇〇の時からずっと続けています。

〇〇〇をやっていてよかったことは、〇〇〇や〇〇〇が身に付くことです。

これからは、〇〇〇にも挑戦してみようと思っています。

自己紹介の見本

私は、〇〇県〇〇市出身の深水鮟鱇《ふかみあんこう》です。専門は「俳句の研究」や「物書き」で、いちおう文学者の端くれです。

ところで、文学者の憧れと言えば、文豪の「森鷗外《おうがい》」や「夏目漱石《そうせき》」です。そこで、私も、彼らにならってヒゲをはやしました。

ところが、私のヒゲを見る多くの人が「インド人やイラン人」に似ていると言います。私のヒゲに「鷗外」や「漱石」のイメージは持ってくれないのです。それこそ、ほんとに「いらん世話」です。

これからも、深水鮟鱇を、よろしくお願いします。

私は、〇〇大学で教員をしている深水鮟鱇です。

私は人から、「大酒飲み」で「遊び人」に見られることが多いのですが、実際には、酒も飲みませんし、遊びもしません。むしろ、本を読んだり、文章を書いている方が性に合っています。

また、私は、要領よくスポーツや仕事をこなしているように見られることも多いのですが、それも間違いです。本当の私は、要領が悪く鈍くさい人間です。

もしも、私がスマートで要領の良い人間に見えるとしたら、それは、私が人より先に「練習」をはじめたり、仕事の「段取り」や「準備」をして、人の見えないところで頑張っているからです。

これからも、深水鮟鱇を、よろしくお願いします。

自己紹介（下書き用）

学科　年　組　番

氏名

切り取り線

自己紹介（提出用）

学科　年　組　番

氏名

自分を知る者は明なり

三講　好きな食べ物

「好きな食べ物」について書いてみよう！

①題材……自分の好きな「食べ物」をランダムに書き出す。

好きな食べ物

お好み焼き　チャーハン
焼きそば　カツ丼
カレー　雑煮
ラーメン　芋の煮っ転がし
麻婆豆腐　豚汁
餃子　メンチカツ
きしめん　オムライス
コロッケ　肉じゃが
かき揚げ　粕汁
うどん　野菜炒め
親子どんぶり　湯豆腐
……　……
さんま飯　おこげのおにぎり

参……カレーを選んだのは、一番よく食べているから

注……ランダムに書き出す意義は、人間の脳は、一度に七つの事柄しか扱えない特性を持つからです。
つまり、頭の中で考えると七つの比較検討が限界になりますが、書き出すと、より多くの食べ物を、比較検討できるのです。

好きな食べ物

②**材料**……その中から一番印象的なものを選び、その理由等を考える。

カレーの良い点

材料が安くて、手に入れやすい
調理が簡単
多量に作ることができる
食べやすい
栄養のバランスがいい
冷めても食べられる
保存が利く
他の料理にあわせやすい
（チャーハン・うどん・コロッケ・パン）
食欲を増進する
味にバラツキが少ない
片づけがラク

その食べ物の良い点

③**構想**……その料理の、何を、どのように、紹介するか。

安い
作りやすい
食べやすい
栄養のバランスがいい
時間の節約
その他

④表現……構想にそって作品を書く。

一文を短くする。　（一文二行まで）

段落を設ける。　（一段落二・三文で、三から四段落）

文体を統一する。　（敬体、常体）

ユーモアを盛り込む。　（つかみ）

⑤作品……作品見本

好物はカレー

「おい、見ろよ。深水《ふかみ》が、また、カレーを食べてるぞ！」

食堂でカレーを食べていると、後ろの方から友人の声が聞こえてくる。

「何でもあいつは、カレーで生きているという噂だよ」

「そういえば、どこかインド系が入ってるよな」

言われてみると、私は昔からカレーが大好きだ。

カレーは、安くて、美味くて、飽きがこない。そのうえ、栄養のバランスも良い。味にハズレがなく、注文してから出てくるまでが速いし、片付けも楽だ。

そこで、私は、外食する時でも、カレーをよく注文する。また、自分が食事当番の時にも、季節の材料を煮込んだカレーを作ることが多い。

唯一の難点は、妻と娘が、たびたびカレーを食べさせられるのをいやがることぐらいだ。

注……書く時には、形式段落を意識しよう。

好物は鍋《なべ》

鍋料理の一番良い点は、家族であったかい鍋を囲みながら、食事と会話の両方を楽しむことができることにある。最近では、小学生の「孤食《こしょく》」が取りざたされることも多いが、鍋は、家族がそろって、その周りを取り囲み、わいわいがやがや話しながら食べるのが一番だ。そこで、わが家でも、家族や親戚が集まる日には、鍋を囲むことが多い。

「醤油《しょうゆ》」「味噌《みそ》」「キムチ」の下味を付けただし汁に、魚、鳥、豚、キノコや豆腐《とうふ》、さらには自家製野菜や「くずきり」をたっぷり入れて、煮上がるのを待つ。鍋が煮上がるのを待っている間にも、集まった家族や親戚との楽しい会話が弾む。

そして、鍋の良いところは、すべての具材を取り出した後に残る、食材のうまみをため込んだ残り汁にある。そこへご飯を入れれば、最高の「おじや」になるし、「うどん」や「ラーメン」を入れれば、取り合いになる。

しかも、鍋料理をたらふく食べた後は、喉の渇きをいやすために、場所を移してお茶を飲んだり、ミカンや果物を食べたりしながら、さらに、会話が弾む。

そこで提案だが、月に一度、鍋(含むバーベキュー)の日を作ったらどうだろう。その日は、一家団欒《だんらん》の日として、仕事や習い事は、五時に終えて帰宅する。そうすれば、会社人間のお父さんや受験勉強で忙しい子供も、鍋を囲んで会話が弾み、家族の断絶や崩壊が防げるのではないか。

同じ鍋を食べることは、良い意味での「一味同心」につながる。つまり、同じ鍋を食べる者の中に生まれる心の絆《きずな》が、よりよいコミュニケーションを可能にするのである。

今こそ、鍋を囲んで、一味を増やそう。

好物は

（下書き用）

学科　年　組　番

氏名

コラム

言葉が鍵

私たちは、言葉で世界を知り、言葉で自分を知り、言葉で考えて、言葉で自分を支えています。

世界を知るのも、目の前の相手を知るのも、自分の持っている言葉に依《よ》っているのです。そこで、孫子《そんし》は**「敵を知り、己を知らば、百戦するも殆《あや》うからず」**と教えます。孫子が、「相手を知ること」を「己を知ること」の前に置いているのは、相手を知ることの方が、自分を知ることより、やさしいからです。

同じことを老子は**「人を知る者は智なり。自分を知る者は明なり」「人に勝つ者は力あり。己に勝つ者は強し」**と言っています。

つまり、私たちは、自分が如何なる存在かを知ることの方が、相手を知ることより難しいのです。

ですから、ソクラテスも**「自分は何も知らないということを自覚しなければ知恵は得られない」**と戒めるのです。この言葉は、私たちが見る物、聞く物に対して、「おもしろくない」とか「損だ」というネガティブなイメージを持てば、その瞬間から、その物に対する学びが消し飛んでしまうことを示唆《しさ》しています。

大切なのは、何であれ、その物を一度受け止め、その意味について、あれこれと注意深く考えてみることです。物事を見た瞬間に「好き嫌い」「損得」「良い悪い」という表層的な言葉で、それらを受け止めてしまうと、そこから学ぶものが無くなってしまうのです。それでは、いつまでたっても、自分を変えていくことができません。**「生き残るのは、強い者でも賢い者でもなく、唯一変われる者だけである」**と言ったのは、「進化論」で有名なダーウィンです。

切り取り線

好物は

（提出用）

学科　年　組　番

氏名

楽しんでやっていないことは長続きしない

四講　わかりやすい文章

○テーマを一つに絞る

テーマを一貫したものにする。

そのテーマを選んだ理由や意見を最初に述べないで、最初から問題提起をする。

字数に余裕があれば、結論を、最初と最後に配す。

○意見を述べる時は、自分の立場を明確にする

意見を述べる場合には、「賛成」か「反対」かの立場を明確にして論じる。

意見には、その論拠や具体的な例を付け加える。

「反論」や「例外」にも配慮する。

○句読点《くとうてん》を適切に使う

書き手はよくわかっている事柄を書くことが多いので、句読点は読み手に対する配慮。

十二月二十四日クリスマス・イブには恋人にプレゼントを贈る。↓　十二月二十四日、クリスマス・イブには、恋人にプレゼントを贈る。

○一文を短くする

一文を短くし、「主語」と「述語」を呼応《こおう》させる。

日本語は、「主語」と「述語」が離れると、論旨が不明瞭になる。

「修飾語句」と「被修飾語句」は、できるだけ近くに配置する。

○形式段落を設ける

二・三の文が続いたら、必ず「形式段落」を設ける。

構成は、「三段落構成」か「四段落構成」にする。「序論：はじめ　本論：なか（展開）　結論：おわり」

「接続語」を上手に使う。「まず」「次に」「さらに」「だから」「つまり」

○文体を統一する

論文(小論文)の場合は、「常体」で統一して書く。

「敬体」で書くと、意見が弱くなる。

同一の文章では、「常体」と「敬体」を混用しない。

○ユーモアを大切にする……ステレオタイプの意見は説得力がない。

意見を述べる場合、一般論や誰もが口にするようなステレオタイプの意見は避ける。

人と一味違う「意見」や「切り口」(つかみ)が必要。

○見本作品

①一文を短くする（一文二行まで）

②段落を設ける　（三段落構成）

はじめ（書き出し）　ポッと書き出す　　今年は、雪が少なかった。

なか　（発　展）　意外な展開　　ところで、雪の少ない年は、夏暑いと言われている。

おわり（結　び）　プツンと切る　　今年は、猛暑になるかもしれない。

③文体を統一する（常体）

④ユーモア感覚を大切にする　（雪と夏……意外な取り合わせ）

五講　宝物紹介

宝物紹介　→　説明文　→　自分のよく知っている事柄を説明する。

最も書きやすい文章表現　→　説明文　→　よくわかっていることは表現しやすい！
自分が大切にし、宝にしている物を紹介し、その理由をみんなに知ってもらう。
大切な気持ちがこもっている物ほど、人によく伝わる。

○宝　物

宝物……物・人・心・・・（自分自身・家族・恋人・友だち・・・等は除く）
人が思いもつかないような「意外な宝物」がベスト！
具体的な例……大切な人からプレゼントされた物
　　　　　　苦労して手に入れた楽器　お気に入りの本

○根　拠

苦労して手に入れたから。
希少価値があるから。
思い出が詰まっているから。
大切な人から貰ったから。　→　カエル
あると便利だから。
生活に必要不可欠だから。
個性が演出できるから。

「宝物」候補のリスト

○見通し

これからも大切にする。

これからは、もっと○×△を集める。

もっとすばらしい宝物を手に入れる。

○「何」を「どのように」紹介するか

宝物……………友だちから貰った誕生日プレゼント。
理由……………リアルで精巧にできている。
これから……これからも、仲間を増やして、大切にする。

○表現のポイント

一文を短くする。

段落を設ける。（三段落）

表現にユーモアや意外性を入れる。

「何」を「どのように」紹介するか

作品見本

ガラス細工のカエル

私の宝物は、ガラス細工のカエルです。

そのカエルは、誕生日のプレゼントとして、友だちがくれたもので、緑の葉っぱの上に乗っています。小さくて透明感があり、とてもリアルで精巧にできています。例えば、足先の吸盤《きゅうばん》とか、目の上のふくらみなども本物そっくりで、手を伸ばすと動き出しそうなほどです。

これからは、カエルの仲間を集めて、私のコレクションを増やしていきたいと考えています。皆さんも、かわいらしいカエルをお持ちでしたら、ぜひ私にプレゼントして下さい。

宝物は工具

私の趣味の一つに、工具集めがある。最初に工具を集めはじめたのは、「農機具」や「古い機械」、「バイク」、「車」の修理やメンテナンスをするために必要だったからだ。しかし、実際に工具集めをはじめると、その性能や能力のより優れたものが、次から次に欲しくなり、ちょっとした修理工場ほどの工具が家にそろっている。

そのせいか、今では、近所の人が、農機具の調子が悪いといっては相談に来たり、「祭り」に使う「だんじり」の龍の修理を頼みにきたりする。

これからは、とりあえず、みんなから当てにされるのを励みに、もっともっと工具を集めたい。そして、将来は「おもちゃ」や「家具」の病院を開きたいと思っている。

私の宝物は

（下書き用）

学科　年　組　番

氏名

切り取り線

私の宝物は

（提出用）

学科　年　組　番

氏名

大切なものを持たないのはさびしいこと

六講　手　紙

書式の理解

前　文……初めの挨拶………頭　語「**拝啓**」（行頭）
　季節の挨拶 及び 相手の安否を尋ねる。

主　文……本題………………頭　語「**ところで**」「さて」
　用件を述べる。

末　文……終わりの挨拶……頭　語「**それでは**」
　相手の健康を祈る。
　　……結　語「**敬具**」（行末）

後付け……**日　付**（一字下げて）
　署　名（行末）
　宛　名（行頭）
　追　伸（本文より三文字程度下げて）

礼状（挨拶状）を書く

実習でお世話になった学校（保育所）や先生に「礼状」を書く。

正式　↓　封　書

略式　↓　ハガキ

先生への「礼状」見本　（文面が一枚でも、便箋は二枚入れる）

拝啓

　梅雨入りを間近に控え、ツバメの低く飛ぶ姿を見かけるようになりましたが、（相手を行頭に出して敬意を表すため、途中で改行）
先生には、お元気でお過ごしのことと思います。
ところで、先日の教育実習では、親切で丁寧なご指導をいただき、本当にありがとうございました。私の方の理解不足や力不足で、先生には、ずいぶんはがゆい思いをされたのではないかと、深く反省しています。
いっぽう、私は、今回の教育実習を通して、どうしても教員になりたいという決意を新たにしました。そこで、大学に戻ってから、今まで以上に、勉強やサークル活動に励んでいます。少し落ち着きましたら、再び学校を訪問し、実習後の取り組みなども報告させていただきたいと思っています。
それでは、一方的に私の都合ばかり書きましたが、（相手を行頭に出して敬意を表すため、途中で改行）
先生には、忙しさで疲れなど出されませんよう、気をつけてお過ごし下さい。

敬具

平成二十一年六月十日

深水　鮫鰊

○×△□先生

（追伸）・・・

お世話になった人への「礼状」（下書き用）

学科　年　組　番

氏名

封筒（表書き）

注……住所は、端に寄りすぎないように、バランスを考えて書く。
宛名は、封筒の中心に、住所より一回り大きな字で、丁寧に書く。
差出人は、裏面の左下に、はっきりと書く。

本文（文面）

切り取り線

お世話になった人への「礼状」（提出用）

学科　年　組　番

氏名

封筒（表書き）

注……住所は、端に寄りすぎないように、バランスを考えて書く。
宛名は、封筒の中心に、住所より一回り大きな字で、丁寧に書く。
差出人は、裏面の左下に、はっきりと書く。

本文（文面）

七講　公文書

会やパーティー参加への案内状を書く

「見出し」の内容を変更　↓　「案内状」　「依頼状」

書式の理解

発行番号……○○第○○号　↓　場合によっては省略可（官公庁や大きな組織で必要）

日　付……平成○年○月○○日　↓　右寄せ

相　手……○○○○様・各位・皆さま……（所属・役職・氏名）に敬称　↓　左寄せ

発行部署……○○○○　↓　右寄せ

発行責任者……○○○○（氏名）印　↓　職印・私印　↓　場合によっては省略可　↓　右寄せ

発行見出……○○○○について（案内＆依頼）　↓　大きな文字　↓　センタリング

発行内容……具体的な説明　↓　三段落構成（挨拶　↓　「さて」「ところで」主文　↓　「それでは」結び）

記　事……記　↓　大きな文字　↓　センタリング

……日時・場所・内容・参加者・費用・その他　↓　均等割付

公文書のパターン

（○○○第○○○○）
平成　年　月　日

○○○○の皆さま　← 左寄せ　　右寄せ →

発　行　部　署
発 行 責 任 者

←‐‐均　等　割　付‐‐→

‐‐‐‐‐‐‐‐‐‐→　見出し（依頼）センタリング　←‐‐‐‐‐‐‐‐‐‐

時候の挨拶（自分の言葉で！）・安否・消息の確認

主文（本文）……案内の主旨や、具体的な内容
（頭語）……「さて」「ところで」

結び（主文の中に含める場合もある）
（頭語）……「それでは」

‐‐‐‐‐‐‐‐‐‐→　記　←‐‐‐‐‐‐‐‐‐‐
センタリング

日　時
場　所
内　容
参加者
費　用
その他

←‐‐‐‐→
均等割付

地図・絵　等

「同窓会の案内」見本

ＸＸ年６月20日

大海中(旧)３年４組の皆さま

同窓会実行委員会
代表　鍋屋　鮟鱇

同窓会のご案内

今年も田植えの準備がはじまり、ツバメが空を飛び交う季節を迎えましたが、皆さんは、それぞれの目標に向かって、仕事に趣味に励んでいらっしゃることと思います。

ところで、(旧)３年４組、同窓会実行委員会では、卒業後３年が経ちましたので、下記のような内容で同窓会を企画いたしました。それぞれに予定もあると思いますが、ふるってご参加下さい。

それでは、同窓会で皆さんと会えるのを楽しみにしております。

記

日　　時　　ＸＸ年８月13日(土)
11：00～15：00

場　　所　　大海中学校グランド跡地

参 加 費　　2,000円　　焼肉パーティー

当日は、恩師の「翼　裕三」先生もお見えになります。

なお、出欠の連絡は、同封のはがきにて、８月10日(火)までにご返送下さい。

連絡先　〒　108-1818　○○市△△　56-8
鍋屋　鮟鱇　TEL　03-331-1146

同窓会の案内（下書き用）

学科　組　番

氏名

同窓会の案内（提出用）

学科　組　番

氏名

切り取り線

人間は一人の時に鍛えられる

八講　誤文訂正

誤文訂正（校正）にチャレンジしよう！

次の各短文には、使い方のふさわしくない漢字や表現があります。それを正しいものに改めましょう。

① 今日から、小使いを値上げして欲しい。

② さすが親譲りの才能は争えない。

③ 仕事に油がのって、気がついたら午前三時になっていた。

④ 追突されて、十万円の被害をこうむった。

⑤ 大山は、ここから車で約一時間程の所です。

⑥ 危機一発で災難を逃れることができた。

⑦ 茶会では一後一会を心にお客をもてなす。

⑧ 選手・監督・フロントが三身一体になって、はじめて優勝することができる。

⑨ 社長が帰られるので、「ご苦労様でした」と挨拶した。

⑩ 子どものすることだから多寡《たか》が知れている。

⑪ あまりの言い方に腹が煮えくりかえった。

⑫ 夏になると虫に食われて困る。

⑬ 全国大会で優勝して、いちやく有名を馳《は》せた。

⑭ ガスの集金をお願いします。

⑮ 彼の国会答弁は、実に的を得ている。

⑯ 岡山では、後楽園で丹頂鶴の飛ぶ姿が見れる。

⑰ 死んで花見が咲くものか！　(付くものか)

⑱ 社長はお帰りになられました。

⑲ 彼の言うことは、口先三寸であてにならない。

⑳ 彼の才能は認めるが、やがて、出る釘は打たれるの類《たぐい》さ！

㉑ 本日はゲストとして総理にお見えいただきました。

㉒ 写真に写っているのは私の伯父で、母の弟です。

注…私たちは、自分が解っていないということを認識しなければ、それを改めることは出来ない！

誤文訂正（提出用）

学科	組	番	氏名	

切り取り線

誤文訂正（校正）にチャレンジしよう！

次の各短文には、使い方のふさわしくない漢字や表現があります。それを正しいものに改めましょう。

① 今日から、小使いを値上げして欲しい。

② さすが親譲りの才能は争えない。

③ 仕事に油がのって、気がついたら午前三時になっていた。

④ 追突されて、十万円の被害をこうむった。

⑤ 大山は、ここから車で約一時間程の所です。

⑥ 危機一発で災難を逃れることができた。

⑦ 茶会では一後一会を心にお客をもてなす。

⑧ 選手・監督・フロントが三身一体になって、はじめて優勝することが出来る。

⑨ 社長が帰られるので、「ご苦労様でした」と挨拶した。

⑩ 子どものすることだから多寡《たか》が知れている。

⑪　あまりの言い方に腹が煮えくりかえった。

⑫　夏になると虫に食われて困る。

⑬　全国大会で優勝して、いちやく有名を馳《は》せた。

⑭　ガスの集金をお願いします。

⑮　彼の国会答弁は、実に的を得ている。

⑯　岡山では、後楽園で丹頂鶴の飛ぶ姿が見れる。

⑰　死んで花見が咲くものか！　（付くものか）

⑱　社長はお帰りになられました。

⑲　彼の言うことは、口先三寸であてにならない。

⑳　彼の才能は認めるが、やがて、出る釘は打たれるの類《たぐい》さ！

㉑　本日はゲストとして総理にお見えいただきました。

㉒　写真に写っているのは私の伯父で、母の弟です。

九講　推敲

書き上げた文章の「推敲」に挑戦！　推敲とは　↓　文章をよりよいものに練り磨くこと。

○「誤字」「脱字」「文法の間違い」等を改める

危機一発　↓　危機一髪　　後楽園では鶴が見れる　↓　後楽園では鶴が見られる

○文の要素をそろえる

「いつ」「どこで」「誰が」「何を」「どうした」（そして、それをどう思う）がそろっていること。

昨日、／空港で／彼は、／航空機トラブルに／巻き込まれた。

○一文を短くする

日本語は、「主語」と判断を示す「述語」が離れると意味がわかりにくくなる。

この列車は○○駅、○○駅、○○駅、○○駅、○○駅、○○駅・・・には、止まりません。（止まります）

この列車は次の各駅には止まりません。　○○駅、○○駅、○○駅、○○駅、○○駅、○○駅・・・

○主語・述語を呼応《こおう》させる

主語を省いたり、主語・述語の呼応が乱れないようにする。

列車があまりに速く走るので気持ちが悪くなった。

列車があまりに速く走るので、僕は気持ちが悪くなった。

○修飾・被修飾を整える

修飾語句はできるだけ修飾する語句の近くに置く。

フランスへまた行ってみたいと思う。

フランスへ行ってみたいとまた思う。

○句読点を適切に使う

句読点は読み手への配慮。煩雑《はんざつ》にならない程度で多めに打つ。（書き手は内容をよく知っているので、句読点の箇所が少なくなる）

十二月二十四日クリスマス・イブには恋人にプレゼントを贈る。→十二月二十四日、クリスマス・イブには、恋人にプレゼントを贈る。

○段落を設ける

二文から五文で一段落（形式段落）を設ける習慣をつける。……**必ず 一文字 下げて**……

○文体を統一する

「です」「ます」調（敬　体）手紙文　自己紹介　挨拶・・・

私は、○○大学の深水鮟鱇です。（でございます）・・・

「だ」「である」調（常　体）意見文　論文　説明文・・・

事件の真相を早く究明するべきだ。・・・

推敲作品

好物はラーメン

学生作品

中国にいる時にはラーメンは私の大好物でした。日本に来てからラーメン屋さんを発現しよろこんで入ったんですが、なかなか違う味でした。

中国のラーメンの違いを言うと、中国のラーメンは漢字で「拉麵」で書いた通りで手で小麦のかたまりを引張って延ばした麺であり、まだスープの味やのせる中身など皆違い物でした。日本のラーメンと言うと麺の作り方が違うので食感は全然違うが、日本の生活を慣れるうちにいつの間にラーメンとの接触するチャンスが増え、だんだん好きなようになりました。

この間に中国に帰った時に、私のふるさとにも日本のラーメン屋さんと同じような店何軒も開きました、びっくりした上にラーメンは中日の国際交流には良い貢献をしたと思いました。

推敲見本

好物はラーメン

学生作品

中国にいる時にはラーメンは私の大好物でした。日本に来てからラーメン屋さんを発[illegible]しよろこんで入[illegible]が、[illegible]違う味でした。

中国のラーメンの違いを言うと、中国のラーメンは漢字で「拉麺」で書[illegible]通り[illegible]手で小麦のかたまりを引張って延ばした麺で[illegible]
[illegible]スープの味や[illegible]せる中身など皆違[illegible]物でした。日本のラーメンと言うと麺の作り方が違うので食感[illegible]全然違[illegible]が、日本の生活[illegible]慣れるうちにいつの間にラーメンと[illegible]接触するチャンスが増え、だんだん好き[illegible]になりました。

この間[illegible]中国に帰った時に、私のふるさとにも日本のラーメン屋さんと同じような店何軒も開[illegible]、びっくり[illegible]ラーメンは中日の国際交流には良い貢献を[illegible]と思いま[illegible]。

推敲の実践（下書き用）　学科　年　組　番　氏名

好きな食べ物は納豆

学生作品

私の好きな食べ物は納豆です。小さな頃からよく食べていたけれど、今もよく食べます。それには二つ理由があります。

一つはただ好きだからです。あのネバネバもあのにおいも嫌いな人にとっては悪夢だが、私にとっては幸せそのもの。しかも栄養があるし、米と納豆さえあれば、お腹いっぱいになります。

二つ目の理由は、体によくて、なんと言っても脂肪率が減ります。ある日テレビを見ている時、〝ダイエット〟のことをしていました。かなり興味があったので見ていたら、私の大好きな納豆でやせれるという納豆〝ダイエット〟をしていました。はりきって見るとただ朝昼晩とただ毎日食べればいいというのです。次の日からさっそく始めました。納豆〝ダイエット〟を始める前の脂肪率は言えれないけど、始めてから四ヶ月後には一〇％も減りました。しかし体重は増えたり減ったりなんですがこれは成功といえるんでしょうか。

とにかく私は今でも大好きな納豆を食べ続けています。

コラム

スケジュールはタイトに組むな

この**「スケジュールはタイトに組むな」**という言葉は、かつてハーバード大学の学長が入学生に送った書簡の一節です。

この学長は、入学生たちが夢と希望を持って大学に入学してくることを、よく知っていました。しかし、そのいっぽうで新入生たちが夢や希望の実現を急ぐあまり、新しい環境に慣れる間もなく「勉学」「交友」「サークル活動」「アルバイト」に精を出すのを見て、**そのどれもが中途半端で身に付いていない事**に気づきます。

時間に余裕のない彼らは、充分な準備もしないで授業に出席し、生活の不安や問題点を友達と充分に語り合うこともなく、アルバイトに駆けつける有様です。そこで、「スケジュールはタイトに組むな」というメッセージを彼らに与えたのです。

私たちは、時間が充分にあるからこそ、あれこれと思案をし、工夫をし、準備や段取りをし、物事に取り組みます。そして、未熟なうちは、それでも失敗の連続です。

しかし、私たちは、そのような試行錯誤や失敗を繰り返しながら、一つ一つの課題をクリアし、時間をかけて、いろいろな能力を身につけるのです。

スケジュールをタイトに組んでいる人は、**一見すると時間を合理的に使っているように見えますが、それは、物事をじっくりと考えることなく、機械的にマニュアル通りに処理している**場合が多いように思います。

私たちは、ゆっくりと時間をかけて成長するのが望ましいのです。

切り取り線

推敲の実践（提出用）

学科　年　組　番

氏名

好きな食べ物は納豆

学生作品

私の好きな食べ物は納豆です。小さな頃からよく食べていたけれど、今もよく食べます。それには二つ理由があります。

一つはただ好きだからです。あのネバネバもあのにおいも嫌いな人にとっては悪夢だが、私にとっては幸せそのもの。しかも栄養があるし、米と納豆さえあれば、お腹いっぱいになります。

二つ目の理由は、体によくて、なんと言っても脂肪率が減ります。ある日テレビを見ている時、〝ダイエット〟のことをしていました。かなり興味があったので見ていたら、私の大好きな納豆でやせれるという納豆〝ダイエット〟をしていました。はりきって見るとただ朝昼晩とただ毎日食べればいいというのです。次の日からさっそく始めました。納豆〝ダイエット〟を始める前の脂肪率は言えれないけど、始めてから四ヶ月後には一〇％も減りました。しかし体重は増えたり減ったりなんですがこれは成功といえるんでしょうか。

とにかく私は今でも大好きな納豆を食べ続けています。

幸運は準備された心に訪れる

十講　「お話」作り

「お話」作りの効用

幼児や子どもは「お話」を聞くのが大好きです。親や先生が「お話」をはじめると、どの子も目を輝かせて聞き入ってきます。それは、「お話」が子どもたちの夢や想像をふくらませるからです。
また、病院でむずかる子どもや、待ち時間に退屈した子どもたちに、即興の楽しい「お話」をしてやると、子どもたちに「安心」や「楽しみ」を与えることもできます。
さらに、「お話」作りが上手になると、将来の計画を立てたり、夢を実現させることまでもが容易になります。
このように、「お話」作りは、いろいろなことに役立つ、すばらしい能力といえるのです。

基本的な手順

①題材を決める……何について書くか。
②材料を集める……さまざまな視点から、いろいろな材料を集める。
③筋立てを考える…話の大まかな組立(＝構想)を工夫する。
　構成は、三段落　or　四段落が望ましい。
④叙　　述　↓　主・述、修飾・被修飾の関係を明確に書く。
　一文はできるだけ短くし、途中に句読点を適正に打つ。
⑤推敲・校正　↓　必ず読み直し、誤字や脱字がないかを確認する。
話　の　命……話の中の「出来事」の「おもしろさ」や「意外性」

【作品見本】

カエル（春の季語）

カエル……変態・跳ねる・天敵・好物等

バカにされたカエルが仕返しをする

繰り返しのおもしろさ

「会話文」と「地の文」

意外な結末

実際の手順

Ⅰ 素材探し ……夏の風物で、誰もがよく知っている物の名前(名詞)を紙に一つ書く。（人とかぶらないように！）
Ⅱ カード交換……カードを集めて配り直す。（他人の題目でお話を作る）
Ⅲ 「お話」作り……配られたカードを見て、お話を作る。
「お話」は、実際にあった話でも、**作り話**や**創作で**もよい。

カエル

学生作品

ある村の小さな田んぼに蛙の子が生まれました。ある日のこと、蛙の子のオタマジャクシが元気に泳いでいると、ハエがやって来て言いました。

「お前は本当にカエルの子か？ お母さんと違って、手や足がないじゃないか」

それを聞いて、蛙の子は、しくしく泣き出してしまいました。そして、お母さんに、

「僕はカエルの子じゃないの？ だって手足がないんだもん」

と言いました。すると、お母さんが言いました。

「何を言っているの。お前には、もう手足が生え始めているよ」

カエルの子には、いつの間にか手足が生え始めていました。

しばらくして、またハエがやって来て、あのカエルの子を見て言いました。

「お前は本当にカエルの子か？ お母さんのように上手に跳ねることができないじゃないか」

それを聞いて、カエルの子は、また、しくしく泣き出してしまいました。そして、お母さんに、

「僕はカエルの子じゃないの？ だって、土の上で跳ねることができないんだもん」

すると、お母さんが言いました。

「勇気を出して、土の上にあがってごらん。お前は、もう跳ねることができるよ」

カエルの子は、いつの間にかしっぽが取れて、大きく跳ねることができるようになっていました。

しばらくして、また、あのハエが、カエルの子の様子を見に来ました。すると、葉っぱの陰で休んでいたカエルの子が、足で土を大きく蹴って飛びました。そして、そのハエを、パクッと食べてしまいました。

題名「　　　　　　　　」（下書き用）

学科　年　組　番

氏名

切り取り線

題名「　　　　　　」（提出用）

学科　年　組　番

氏名

十一講　要約文

エッセイ等の要約文を書く

長い文章の内容を、簡潔に伝える短い文章……要点・主旨・趣旨・あらすじ・見出し・タイトル

精　読……文章を何度も読む。

構成(段落)や組立に注意
キー・センテンス、キー・ワードに着目……**繰り返し**・言い替え
要点の整理

記　述……**要点を順序立てて記述**

主述の関係、修飾・被修飾の関係が明確な文章を心掛ける。

量的な目安……元の文章の一割程度、もしくは、二・三行から五・六行でおさめる。

要約例の作品

壊れたと壊したは違う　　向田　邦子

小学六年のとき、父に買ってもらったガラス製の筆立てを落として割ってしまった。

「買ってやった筆立てはどうした」

失くなっているのに気がついた父が、たずねた。

「壊れました」

軽い気持で答えると、急に語気を強め、

「もう一度いってみろ」

あっ怒られるな、と一瞬思った。でも、もう一度オズオズといった。

「壊れました」

すると、いきなり平手で頬《ほお》を張り飛ばされて、私はあお向けに畳の上に転倒した。わけもわからず呆然《ぼうぜん》とする私を、父は顔に青筋をたて、にらみ下ろすと、

「ちゃんと言ってみろ。おまえが壊したんだろう。それとも、ジーツと見ているうちに、筆立てが自然にパカッと割れたのか」

とてつもなく威圧《いあっ》的な声だった。私は喉《のど》をヒクつかせながら、つまる声で答えた。

「落っことしました」

すると、父は少し声を落として、

「そんなのは、壊したというんだ。壊れたというのとはぜんぜん違うんだ」

そして紙に鉛筆で、「壊れた」「壊した」と書き、私の顔につきつけると、

「どうだ、違うだろ、ハッキリしろ、これからも、ずっと、そうしろ」

と命令した。父が立ち去ったあと、私はくやしくて嗚咽《おえっ》が止まらなかった。正直いってなんとひどい親だろうと恨みもした。

明治生まれの父は、格別の教養もなく、保険会社の支店長までつとめたありふれた日本男児である。血圧が高く、趣味みたいに怒っていた。長女の私は、父の怒りをもろにかぶっていた。

その父も十年前に亡くなったが、今思うと、けっして子どもに媚《こ》びず、手かげんしなかった生き方は立派ではないか。おかげで、自分で考え行動する習慣がついたし、そういう意味では感謝している。


――140字以内で要約――


注……キー・センテンスやキー・ワードに着目しながら、要点に線を引く。

要点を順序立てて整理しながら、記述する。

要点に傍線

壊れたと壊したは違う

向田　邦子

小学六年のとき、父に買ってもらったガラス製の筆立てを落として割ってしまった。

「買ってやった筆立てはどうした」

失くなっているのに気がついた父が、たずねた。

「壊れました」

軽い気持で答えると、急に語気を強め、

「もう一度いってみろ」

あっ怒られるな、と一瞬思った。でも、もう一度オズオズといった。

「壊れました」

すると、いきなり平手で頬を張り飛ばされて、私はあお向けに畳の上に転倒した。わけもわからず呆然とする私を、父は顔に青筋をたて、にらみ下ろすと、

「ちゃんと言ってみろ。おまえが壊したんだろう。それとも、ジーッと見ているうちに、筆立てが自然にパカッと割れたのか」

とてつもなく威圧的な声だった。私は喉をヒクつかせながら、つまる声で答えた。

「落っことしました」

すると、父は少し声を落として、

「そんなのは、壊したというんだ。壊れたというのとはぜんぜん違うんだ」

そして紙に鉛筆で、「壊れた」「壊した」と書き、私の顔につきつけると、

「どうだ、違うだろ、ハッキリしろ、これからも、ずっと、そうしろ」

と命令した。父が立ち去ったあと、私はくやしくて嗚咽が止まらなかった。正直いってなんとひどい親だろうと恨みもした。

明治生まれの父は、格別の教養もなく、保険会社の支店長までつとめたありふれた日本男児である。血圧が高く、趣味みたいに怒っていた。長女の私は、父の怒りをもろにかぶっていた。

その父も十年前に亡くなったが、今思うと、けっして子どもに媚びず、手かげんしなかった生き方は立派ではないか。おかげで、自分で考え行動する習慣がついたし、そういう意味では感謝している。

ポイントとなる内容

小学六年のとき

筆立てを落として割ってしまった

「壊れました」と弁解すると平手で張り飛ばされた

「壊れた」と「壊した」は違う（キー・ワード）

明治生まれの父は趣味みたいに怒っていた

おかげで、自分で考え行動する習慣がついたと感謝している

書き方の具体例……「いつ」、「何があり」、それが「どうなって」、今では、それを「どう思う」のか？ ↑ **文の要素をそろえる**

要約の作品見本

明治生まれの頑固な父が、小学六年の時、私が父に買って貰った筆立てを失くしているのを見とがめた。私が「壊れました」と弁解すると父は平手で張り飛ばし、「壊れた」と「壊した」の違いを厳しく教えた。その時は、ひどい親だと恨んだが、おかげで、自分で考え行動する習慣がついたと感謝している。

要約作品

子供には手入れ

養老孟司

子供を大事にするというのはどういうことか。それは「手入れ」の問題だと思います。自然のものというのは、根本的にはこっちが向こうの仕組みを全部理解しているわけではありません。車の修理ならば全部どうすればいいかわかりますが、自然の場合はそうはいかないのです。だから何か都合が悪いことがあれば相手の反応を見ながら手入れしていくしかない。相手の反応を見ながら手入れしていくというのは、非常に手間のかかることです。

お母さんがうるさいのはなぜか。毎日のように飽きずに、ああしちゃいけません、こうしちゃいけません、こうしなさい、ああしなさいと言い続ける。子供とはそうやって毎日手をかけていかなくてはいけないものだからです。

子供というのは丈夫なところもあるけれども、弱い点についてはものすごく弱い。それは小児科の医者がよく知っていることですが、子供の病気は足が早い。熱がちょっと出たなと思ったら死んでしまうというふうに急激に容体が変化することも多い。

車ならば悪いところを交換すればそれで当分何ということはない。しかし相手が自然ならば、少しずつ相手を見ながら毎日毎日手入れしていくしかない。それは稲を育てるのと同じです。

稲というのは太陽の光と水と肥料で育つものだと言って、放っておいたらどうなるか。雑草だらけになって、稲以外のものの方が一生懸命育ってしまったということになりかねません。結局、毎日、田んぼに行くしかない。雑草は抜かなくてはいけないし、イナゴは追い払わなければいけない。

その手入れを上手にするためには、根気が必要なのです。相手の存在をきちんと認めなくてはいけない。自分の生活の付録みたいに思っていてはいけない。

まともな親なら子供の存在をきちんと認めているはずです。毎日心にとめている。そうしていれば大体普通に育つ。その行為は頭で考えた結論に相手をあてはめていくというのとはまったく逆なのです。そういう頭でっかちな考え方を「ああすればこうなる」式と言います。自然相手の仕事はそれでは上手くいきません。先行きが見えない。そこを間違うと、こんなに苦労して育てているのに思うとおりにならない、と悲観することになる。

養老孟司『超バカの壁』より

――140字以内で要約――

「子供には手入れ」の要約文（下書き用）

学科　組　番

氏名

120　80　40

注……与えられた文字数の八割以上は埋める。
字数制限のある場合は、形式段落を設ける必要なし。
指示がなければ、諸記号は一文字に数える。

切り取り線

「子供には手入れ」の要約文（提出用）

学科　組　番

氏名

120　80　40

注……与えられた文字数の八割以上は埋める。
字数制限のある場合は、形式段落を設ける必要なし。
指示がなければ、諸記号は一文字に数える。

踊る阿呆に見る阿呆　同じ阿呆なら踊らにゃ損々

十二講　解釈・鑑賞

作品の解釈・鑑賞

解　釈……言葉や文章の意味・内容を解きほぐして明らかにすること。また、その説明。

鑑　賞……芸術作品などを見たり聞いたり読んだりして、それが表現しようとするところをつかみとり、そのよさを味わうこと。

解釈・鑑賞……言葉や文章の意味・内容を解きほぐして明らかにし、それが表現しようとするところをつかみとり、そのよさを味わうこと。

大漁　　金子みすゞ

朝やけ小やけだ
大漁だ
大ばいわしの
大漁だ。

はまは祭りの
ようだけど
海のなかでは
何万の
いわしのとむらい
するだろう。

注……作品は、読みやすいよう、旧漢字等をひらがなに改めた。

鑑賞文の見本

「大漁」の鑑賞文

この作品「大漁」は、人間の何気ない日常の営みも、もし、それを別の視点からとらえると、物の見方や考え方が大きく変わることを、わかりやく表現している。

「大漁」という出来事は、人間にとってみれば、大変喜ばしい事で、それ自体には、何の心配も悲しみも含んでいない。しかし、ひとたび、この「大漁」を、「いわし」の視点で考え直してみると、その状況は大きく変わってくる。

「はまは祭りの／ようだけど」

「海のなかでは／何万の／いわしのとむらい／するだろう」

つまり、人間の喜びが、いわしの悲しみになり、いわしの喜びが、人間の悲しみになるのだ。

言われてみれば、確かにこの世の中は、そのような切ないバランスの上に成り立っている。しかし、それを改めて指摘されると、なんだか「いわし」に申し訳ないような気がしてくる。今度から「いわし」を食べる時には、せめて食べ残しをしないように気をつけたい。それが、少しでも「いわし」の「とむらい」になると思うからだ。

ひょっとしたら、この世の中のすべてのことは、このような相関によって決まっているのかもしれない。そして、そのことに、私たちが気づいていないだけなのだ。世の中には、自分の知らない、いろいろな相関がある。そう思うと、世の中のことを、もう少し慎重に判断しなければならない気がする。

「じっと見ていると」の鑑賞文（下書き用）

学科　組　番　氏名

解釈・鑑賞

じっと見ていると

高田敏子

流れる雲を見ていたら
雲がいったのよ
「田舎のおばあちゃんが
　ほしがきをたくさん作っていますよ」
消しゴムを　じっと見ていたら
消しゴムがいった
「なくさずに　だいじに　使ってね」

金色のイチョウの葉
きれいねと見とれていたら
「さよなら　さよなら　また来年ね」
風にふかれて散っていった
なんでも　じっと見ていると
聞こえてくる　いろんなことば
いろんな　おはなし

切り取り線

「じっと見ていると」の鑑賞文（提出用）

学科　組　番　氏名

解釈・鑑賞

じっと見ていると

高田敏子

流れる雲を見ていたら
雲がいったのよ
「田舎のおばあちゃんが
　ほしがきをたくさん作っていますよ」
消しゴムを　じっと見ていたら
消しゴムがいった
「なくさずに　だいじに　使ってね」

金色のイチョウの葉
きれいねと見とれていたら
「さよなら　さよなら　また来年ね」
風にふかれて散っていった

なんでも　じっと見ていると
聞こえてくる　いろんなことば
いろんな　おはなし

十三講　報告書

「新聞記事」を読んで報告書を書いてみよう

ストレス原因 最大は？

男性「上司」「取引先」「部下」

女性「だんな」「上司」「子ども」

ネットで意識調査

ストレスの最大の原因と感じるのは、男性は「上司」、女性は「だんな」――。「毛髪クリニック リーブ21」（大阪市中央区）の意識調査で、こんな結果が出た。インターネット上で今年3月、男女計1102人から回答を得た。

男性は「会社の上司」（37%）、「仕事の取引先」（16%）、「会社の部下」（9%）の上位3位を仕事関係が占めた。

女性は「だんな」が20%でトップで、「会社の上司」（18%）、「子ども」（18%）と続いた。

解消には…

男性「妻」「だんらん」

女性「友人」「買い物」

「一番ストレスを解消してくれる人」は、男性の1位が「妻」（25%）なのに対し、女性は「友人」（25%）。

「一番のストレスの解消法は」と聞いたところ、男性は1位が「家族とのだんらん」。次いで「睡眠」「お酒」の順だった。

女性は「買い物」が1位、「睡眠」「旅行」と続いた。

同社は「夫婦間の『家庭』に関する意識の違いが表れたのでは」と分析している。

朝日新聞　平成18年6月7日掲載

ストレス原因　最大は？

ストレスの最大の原因と感じるのは、男性は「上司」、女性は「だんな」――。「毛髪クリニック　リーブ21」（大阪市中央区）の意識調査で、こんな結果が出た。インターネット上で今年３月、男女計１１０２人から回答を得た。

男性は「会社の上司」（37％）、「仕事の取引先」（16％）、「会社の部下」（９％）の上位３位を仕事関係が占めた。

女性は「だんな」が20％でトップで、「会社の上司」（18％）、「子ども」（18％）と続いた。

「一番ストレスを解消してくれる人」は、男性の一位が「妻」（25％）なのに対し、女性は「友人」（25％）。

「一番のストレスの解消法は」と聞いたところ、男性は一位が「家族とのだんらん」。次いで「睡眠」「お酒」の順だった。

女性は「買い物」が一位、「睡眠」「旅行」と続いた。

同社は「夫婦間の『家庭』に関する意識の違いが表れたのでは」と分析している。

○取り上げた理由

ストレスの原因が男女で違うところに興味がわいた。そして、ストレスの原因も、男性は、対外的な物に向き、女性は、身近な存在に向いているように思われる。

○内容の要約

「毛髪クリニック　リーブ21」の意識調査から、ストレスの原因は男女によって差があると判明。

男性は原因の上位から「上司」「取引先」「部下」となっており、女性は「だんな」「上司」「子ども」の順になっている。

また、そのストレスの解消に効果があるのは、男性で「妻」「だんらん」、女性は「友人」「買い物」の順になっている。

○自分の意見

記事のデータには、ある程度の信頼性があると思われるが、インターネットでの調査となると、結果に、インターネット利用者というバイアス(偏向)がかかっている可能性がある。

しかも、ネットに依存している人は、内向的な人が多いかもしれないし、その対象も、比較的若くてメディアに強い人だけの数値になっている可能性も否《いな》めない。

また、カップルの結婚の形態も明らかにされていないので、データーを鵜呑《うの》みにするには、少々疑問が残る。

練習用記事

主婦　七條　みどり（高松市　48）

息子よ携帯におぼれないで

よくもまあ、あれだけ携帯電話をいじっていられるもんだ。

この春から携帯を手に入れた高校1年の息子は、携帯を片手に帰ってくる。食事もそそくさと終わらせて、自分の部屋に入ると、ずっと携帯をいじっているらしい。

たまに様子をのぞいてみると、携帯でテレビを見たり、音楽を聴いたり、メールもする。何より私が苦々しく思っているのが一言メールである。

「なに?」とか「うん」とか、まさしく一言のやりとりだ。メールを送ると、携帯を手に持ったまま返信を待つ。もっと長い文をまとめて送ればいいのに。私にはそれが、無意味なやりとりに見えてしまう。

携帯によって、膨大な時間を浪費していることに焦りを覚える。注意しても馬の耳に念仏である。

息子は本来、人間が賢く使うべき機械の虜《とりこ》になってしまっているようだ。いつかこの依存から抜け出せるのだろうか。

「 朝日新聞」　平成20年6月16日掲載

○取り上げた理由

○内容の要約

○自分の意見

事故を再現のCGに配慮を

主婦　鈴木　晴美
（京都市左京区　36）

最近、テレビのニュースを見ていて非常に気になることがある。重大な事故が起こると、各局がコンピューター・グラフィックス（CG）を駆使し、その瞬間などを再現していることだ。

報道する側は、視聴者がわかりやすいように、リアルに表現したい、という意図から駆使しているのは理解できる。確かに、効果的だと思うケースはある。

だが、脱落したタイヤが、その事故で無念にも亡くなった人を直撃する瞬間や、犠牲者の視点を想像した映像は、リアル過ぎて、正視できないことがある。幼稚園の子どもが一緒に見ているときは、すぐテレビを消す。

こんな手法、風潮は、ゲームで育った世代が制作現場で企画できるようになったからなのか。一般的な見聞を広めるつもりでニュースを見ている人へ突然、犠牲の瞬間をゲームオーバーのように再現することに、どんな意義があるのか。関係者はどう思うだろう。わかりやすければ、すべていというものではない。

「朝日新聞」　平成20年６月16日掲載

○取り上げた理由

○内容の要約

○自分の意見

「新聞記事」の報告書

記事名「　　　　　　　　　　」（下書き用）

学科　組　番

氏名

取り上げた記事の貼り付け欄（自分の所属する学科に関連した記事を選択すること）

○取り上げた理由

○内容の要約

○自分の意見

切り取り線

「新聞記事」の報告書

記事名「　　　　　　　」（提出用）

学科　組　番

氏名

取り上げた記事の貼り付け欄（自分の所属する学科に関連した記事を選択すること）

○取り上げた理由

○内容の要約

○自分の意見

十四講　座右の銘

「座右の銘」を作ろう！

「人生を励ます気の利いた言葉」「人に自分をアピールする言葉」

参考例

いろは歌留多

論より証拠

ちりも積もれば山となる

故事成語

温故知新

臥薪嘗胆

諺（ことわざ）

転ばぬ先の杖

急がば回れ

作品見本

ベースにする言葉をもじったり、言葉を入れ替えて、自分なりの信条や信念を表す言葉にする。

ゆっくり急げ　←　善は急げ　＋　急いては事を仕損じる

はじまりゃー終わる　←　案ずるより産むが易し

渡る世間は金ばかり　←　渡る世間に鬼は無し

ダメな時には諦《あきら》めろ　←　ネバー　ギブ　アップ

作り方のポイント

音数は五音・七音の組み合わせを基本にする。

できるだけ簡単で口ずさみやすい言葉にする。

言葉のつながりに変化を持たせる。

意外性や目新しさを盛り込む。

注……三つの「座右の銘」を創作し、その下にコンセプトを記す。自信作には〇印にチェックを入れる。

座右の銘（コンセプト）（下書き用）

学科　年　組　番

氏名

○　（　）

○　（　）

○　（　）

右の作品の中から、自信作を一つ取り上げ、それを座右の銘とする理由を、より詳しく説明して下さい。

コラム

ワインの話

ワインは収穫したブドウを搾《しぼ》り、発酵《はっこう》させて作ります。しかし、作りたてのワインには、味に角があって、美味しくないそうです。**ワインは、樽《たる》の中で、ゆっくりと歳月をかけて熟成《じゅくせい》させなければ、美味しくならないのです。**

さらに、もう一つ不思議な話があります。

その熟成した**ワインが船の中で揺られて海を渡ると、美味しくなる**というのです。船の中で波に揉《も》まれるのが、良いのかもしれません。

このように、**ワインは、ブドウ本来の美味しさに加え、長い歳月と外からの刺激や試練を上手に受け入れて、美味しくなる**のです。不思議な話です。

私たちも、このワインのように、**時間をかけて自らを磨き、様々な試練を乗り越えて、人生を豊かで実り多いものにしたいものです。**

切り取り線

座右の銘（コンセプト）（提出用）

学科　年　組　番

氏名

○　（　）

○　（　）

○　（　）

右の作品の中から、自信作を一つ取り上げ、それを座右の銘とする理由を、より詳しく説明して下さい。

運命はその人に最善の形で訪れる

十五講　言葉の活用

人間にとって大切なことは？

考えること

考えるための「材料」は、生活の中で得た「知識」や「経験」

「材料」を多くするには、「気づき」の量を増やす！

情報収集には、言語能力の高さが欠かせない！

⇐ **読み書きソロバン**　**（学問の基礎）**

言葉が解るとは？

言葉 ｛ 辞書的な意味……解説・説明
特別な意味……文芸・お世辞・嘘・・・　⇓　**言葉の多義性**

「愛してる」という言葉の多義性

言葉に込められた相手の意図（情報）**を正しく読みとる。**

アッシー君になって欲しい。
お金を貢《みつ》いでもらいたい。
デートしたい。
一緒に生活したい。
結婚したい。

想像力が決め手　↓　その情報をどのように理解するかで、結果が大きく違う！

言葉に特別な意味（嘘）を持たすことができるのは人間だけ

爬虫類の脳　と　人間の脳

旧皮質……**本能**に基づいた行動をつかさどる。（爬虫類以上に備わっている脳）↓ **動物（爬虫類）の脳**

新皮質……**理性**・言葉・表情などをつかさどる。（人間に著しく発達している脳）↓ **人間の脳**↓広く深く考える！

人間に特に発達している。↓　三歳ぐらいまでの発育が著しい。↓ **三つ子の　魂《たましい》　百まで**

前頭葉（前野）……思考・判断

人間はナマの**感情**を新皮質のフィルターを通し〈**考えてから**〉**表現する**

感　情　　　　　好　き

↓　　　　　　　↓

理　性（フィルター）（人目があるから照れくさい）↑ **言葉で考える**

↓　　　　　　　↓

言　葉　　　　　きらい

真実は一つ？ ⇓　一つの見方に真実は一つ？　⇓　**見方が変われば真実も変わる！**

「カエルが鳴くから雨が降る」も真実だが、「雨が降るからカエルが鳴く」も真実！

「わがままを言う子は、**憎らしい**」も真実だが、

「わがままを言わなければ、自分を守れない子だから**かわいそう**」も真実！

次の計算をしなさい。

（正解一つ）

1 ＋ 4 ＝ □　（日本流）

　　　　　5

（正解多数）

□ ＋ □ ＝ 5　（欧米流）

0　　5
1　　4
2　　3

おわりに

昔から、**学問の基礎**は「**読み書きソロバン**」と言われており、西洋でも学問の基本は三R、つまり「Reading wRiting aRithmetic」と言われています。

では、なぜ、「聞き話す」より「**読み書き**」**が**それほど**重要視される**のでしょう。それは、「話し言葉」より「**書き言葉**」**のほうが、格段に多くの情報を扱うことができるからです。**本文の中にも書きましたが、人間が頭の中で一度に扱うことのできる情報の量は、七チャンク(塊)といわれています。つまり、私たちが頭の中で考える限り、七つ以上のファイルを同時に広げて、データの比較検討するのは無理なのです。そこで、より多くの情報を比較検討しようとすれば、**カードやメモの形で視覚化**し、それらを見比べて検討するしかありません。

また、話し言葉では、話し手の都合や話される順番に左右されて、自分の知りたい情報にすぐにアクセスしたり、その情報を多量に仕入れたりすることは不可能ですが、書物や新聞等に書かれた情報なら、短時間で多量の情報を受け取ることができます。

以上のような理由から、本書『**書き込み式日本語リテラシー**』では、主に書き言葉の運用能力を高めることを目的に、十五講の課題を提示してきました。

日本語は、皆さんが考えている以上に、豊かで味わい深い、**世界に誇れる言語の一つです。**そして、その日本語は、世界に二百近くある国連加盟国のうち、母国語ランキングで十位以内にランキングされ、皆さんがよく知っているドイツ語やフランス語よりも話し手の多い言語です。

しかも、この日本語をマスターすれば、人類が長い歳月をかけて築きあげた世界の文化遺産の大半を、日本語で読めるのです。世界の国々の中でも、**母国語で世界の文化遺産の大半を読める国は、数えるほどしかありません。**つまり、日本は、世界に名だたる翻訳《ほんやく》大国でもあるのです。

最後に、冒頭でも取り上げた「俳句」は、日本が誇る、世界一短い文芸です。俳句は、わずか十七文字の中に、世界や宇宙を表現していると言っても、言い過ぎではありません。人間が目にした複雑な現実から、不必要な情報を捨てて、捨てて捨て去った後に残った十七文字の言葉が、歴史を超えて多くの人を感動させるのです。

閑さや岩にしみ入る蝉の声　芭蕉

芭蕉はこの句を作るにあたり、何度も推敲を重ねたと伝えられています。最初は「石にしみつく」、次は「岩にしみ込む」、最後に「岩にしみ入る」と手直しを行っています。「しみつく」では、表面的で物足りない。「しみ込む」ではまだ弱い。そこで「しみ入る」と詠んだのです。

私たちもこの偉大な先人に倣《なら》って、**作品や課題は、時間をかけて丁寧に仕上げたいものです。時間を惜しんで、チョイチョイと仕上げた作品や課題に、人を感動させる力などありません。**

■著者紹介

横川　知之（よこかわ　ともゆき）

1952年（昭和27年）岡山県生まれ
埼玉大学卒
岡山大学大学院修士課程修了
高等学校教諭、中学校教諭を経て、現在、美作大学教授
「日本語リテラシー」「国語概論」「国語科教育法」等を担当

専門研究
俳句素材（動物・機械・外来語等）の研究

著　書
『ダメな時には諦めろ』（1996）近代文芸社
『「中学校」を読む』（1997）大学教育出版
『一宮のおはなし』（2006）大学教育出版
『どっこい』（2016）大学教育出版
『ハンカチ姫』（2018）文芸社

書き込み式　日本語リテラシー
―日本語の豊かな使い手になるために―

2010年4月15日　初版第1刷発行
2019年3月30日　初版第5刷発行

■著　　者――横川知之
■発 行 者――佐藤　守
■発 行 所――株式会社　大学教育出版
〒700-0953　岡山市南区西市855-4
電話(086)244-1268㈹　FAX(086)246-0294
■印刷製本――サンコー印刷㈱

ISBN978 - 4 - 88730 - 988 - 3